METZ

Après la conquête des Gaules par César, Metz devient une des plus importantes et grandes villes gallo-romaines : *Dividorum Mediomatricorum*. Son amphithéâtre est l'un des plus vastes du monde romain (25 000 places).

A partir de l'an 245, les périodes de paix sont entrecoupées d'épisodes de guerre et de destruction. Dans un climat d'insécurité permanente, la ville édifie des remparts qui forment sa première enceinte.

Au IVᵉ siècle, l'appellation *Dividorum Mediomatricorum* n'est plus d'usage. Les textes présentent maintenant la ville sous la dénomination de *Mettis*. A partir de cette époque, Metz est la principale cité du peuple celte des Médiomatriques auxquels elle doit son nom.

Le 7 avril 451, la ville, incendiée, subit le pillage par les Huns.

Quelques décennies plus tard, en 511, à la mort de Clovis, son fils aîné Thierry Iᵉʳ administre la région nord-est du royaume franc qui porte désormais le nom d'Austrasie. La ville de Metz reste capitale de l'Austrasie jusqu'en 751.

Au cours de plusieurs siècles, la ville, maintenant cité épiscopale, se développe harmonieusement. De nombreuses constructions, notamment la cathédrale, des églises, des cloîtres et des abbayes, embellissent son centre et favorisent, grâce au négoce et à l'accumulation de richesses, le développement d'une bourgeoisie citadine.

En 1552, le roi de France Henri II s'empare des trois cités épiscopales de Metz, Toul et Verdun, jusqu'alors villes libres du Saint Empire romain germanique. Tout de suite, Charles Quint tente de reprendre les villes lorraines passées sous l'autorité du roi de France. Aussi, l'empereur organise-t-il le siège de Metz qui est victorieusement défendu par le duc de Guise, alors gouverneur français de la ville. Le siège est levé en janvier 1553.

Près d'un siècle plus tard, à l'occasion de la signature des traités de Westphalie en 1648, la ville de Metz, placée juridiquement sous souveraineté française, accède au rang de capitale de la province des Trois-Evêchés.

Au cours du XVIIIᵉ siècle, la ville continue de s'agrandir et s'orne de magnifiques bâtiments de style classique français.

Le XIXᵉ voit naître à Metz un important développement industriel malheureusement arrêté, en 1870, lors de l'annexion de la cité par la Prusse.

Par la ratification du traité de Francfort, la ville est rattachée au nouvel Empire allemand et devient chef-lieu de la présidence de Lorraine (Bezirk Lothringen).

Metz, de retour à la France en 1918, est une nouvelle fois annexé et occupée durant la seconde guerre mondiale. Les combats de la Libération sont très durs et le siège des fortifications contraint les forces américaines à de lourdes pertes.

Le 20 novembre 1944, Metz est enfin libéré par le XXᵉ corps américain.

Regards Croisés

METZ

Thierry Schoendorf

ALAN
SUTTON

Dans la même collection

Andrézy
Carry-le-Rouet
Châteauroux
Concarneau
Le Grand Boulevard Lille-Roubaix-Tourcoing
Le Touquet-Paris-Plage
Metz
Oraison
Paris 5e arrondissement
Paris 6e arrondissement
Saint-Nazaire
Saint-Raphaël
Tours
Wimereux

De nombreux ouvrages ont été publiés.
Un catalogue de plus de 2 000 titres est disponible sur simple demande
auprès de votre libraire ou aux Editions Alan Sutton.

Editions Alan Sutton
8, rue du Docteur Ramon
BP 90600
37542 Saint-Cyr-sur-Loire Cedex

Première édition 4e trimestre 2009
© Editions Alan Sutton 2009

ISBN 978-2-8138-0069-5

ISSN 1954-8109

Dépôt légal : 4e trimestre 2009
Imprimé en France par Grapho12, 12200 Villefranche-de-Rouergue

Sommaire

Remerciements

Merci à Alain Jaeger pour le prêt de ses documents anciens concernant Metz.

Merci à Dominik et Michel Prillot pour leur préface du présent livre, pour leurs clichés anciens ainsi que ceux de monsieur Loevenbruck, petit-fils d'Emile Prillot.

Merci à Marcel Gangloff pour ses conseils et sa disponibilité.

Merci aussi à tous ceux, particuliers, commerçants, administrations et collectivités qui m'ont ouvert leur porte pour me permettre de prendre des photos.

Et un grand merci également à la mairie de Metz, au service topographie, au service des affaires scolaires, au cercle des officiers de Metz, au FRAC de Lorraine, à la SNCF, aux commerçants de Metz…

Bibliographie

Berrar Claude, *Metz*, Mémoire en Images, Editions Alan Sutton, 1996.
Berrar Claude, *Metz au début du XXe*, Editions Serpenoise, 2006.
Clichés Prillot, *Metz monumental et pittoresque*, Bergeret A., 1896.
Clichés Prillot, *Metz monumental et pittoresque*, Conrad F., 1932.
Clichés Prillot, *Le Vieux Metz disparu et inconnu*, Conrad F., 1934.
Jeanmaire André, *Les Noms des rues de Metz*, J.-S. Zalc, 1976.
Mutelet Marius, *Metz annexé*, J.-S. Zalc, 1978, 2e édition.
Girault de Saint-Fargeau A., Joanne A., Bourasse J.-J., *Metz et son histoire*, Editions du Bastion, 1995.
Archives municipales de Metz.
Archives départementales de Metz.

Les sites Internet
Le site de la ville de Metz : *www.mairie-metz.fr*
Le site Wikipedia : *www.wikipedia.fr*
Le site très détaillé sur Metz : *http://promenade.temporelle.free.fr*
Gallica, bibliothèque numérique de la Bibliothèque nationale de France : *www.gallica.bnf.fr*

Crédits photographiques

Vues anciennes de Metz (éditeurs et photographes) : F. Conrad, G. Forissier, J. Hurlin, P. Nels, H. Prillot, E. Prillot.
Photos actuelles de Metz : Thierry Schoendorf.

Avant-propos

Découvrir Metz par des cartes postales anciennes juxtaposées à des photos récentes pour mieux percevoir les similitudes et les différences laissées par le temps.

Voici ma passion et la raison de mon site www.miroirdutemps.fr

Miroir du temps de la ville de Metz. Le concept est simple : prendre la photo exactement, ou du moins au plus juste, du même endroit qu'a pu la photographier, il y a un siècle ou plus, l'auteur de la carte postale.

Collectionner les clichés anciens de Metz, se passionner pour l'histoire de ma ville et aimer la photo. Il n'en fallait pas plus pour me lancer dans l'aventure que me proposaient les Editions Alan Sutton dans Regards Croisés, collection qui regroupe déjà pour plusieurs villes de France la juxtaposition de vues anciennes et récentes.

Les clichés anciens présents dans cet ouvrage, par des cartes postales et des photos d'autrefois, datent, pour la plupart d'entre eux, des années 1890 à 1915. Les vues récentes ont été réalisées entre mars 2008 et mai 2009. L'écart entre les deux périodes, en moyenne une centaine d'années, permet de se rendre compte que Metz a su garder son âme d'enfant.

Nombre d'endroits éparpillés à travers la ville ont conservé leur caractère d'antan même si certains remparts et portes défensives ont disparu durant la période de la Lorraine annexée.

Avec cette balade dans le cœur historique de Metz, au travers des clichés d'autrefois et d'aujourd'hui, j'espère que vous retrouverez étonnement et souvenirs dans une ville qui a su maintenir, malgré les vicissitudes de l'Histoire, un passé encore largement visible de nos jours.

Préface

A l'ère des nouvelles technologies, nous aurions pu croire que le papier serait devenu « matière archaïque » et pourtant, après la réalisation d'un ouvrage virtuel *(Miroirdutemps.fr)*, il se trouve encore des passionnés pour nous faire partager avec bonheur la vie d'une région au riche passé et nous offrir ici une trace palpable de ce travail gigantesque.

On ne peut parler du pays Messin sans faire référence aux Prillot. Peintre, photographe et généalogiste, j'ai depuis toujours porté mon intérêt vers l'art, l'histoire et la mémoire de nos ancêtres. Mes recherches m'ont fait croiser le chemin de Thierry Schoendorf, personnage généreux, qui aurait certainement plu aux frères Prillot par sa démarche, son idée originale étant de faire voyager ses contemporains au travers de l'histoire de Metz et ses environs en la présentant sous forme d'images capturées aux mêmes endroits à une centaine d'années d'intervalle.

Alors, c'est avec un immense honneur que je dépose ici quelques mots sur ce nouvel ouvrage lorrain. Et si l'abbé Henri Collin, illustre personnage, avait préfacé en 1896 l'album fort connu *Metz, monumental et pittoresque*, illustré en partie par les clichés d'Henri Prillot, et le général de Vaulgrenant préfacé en 1934 celui d'Emile Prillot, *Le Vieux Metz disparu et inconnu*, en retour aujourd'hui c'est la préface de *Metz* dans la collection Regards Croisés qui est signée Prillot.

Je profite de la chance qui m'est offerte ici pour rendre plus particulièrement hommage à l'aîné des frères Prillot dont on fait rarement état lorsque l'on parle photographie.

Auguste-Victor Prillot dit Victor, né le 31 décembre 1860 à Metz, fut le premier artiste de la fratrie Prillot. Il rejoint, dès 1886, l'école des beaux-arts de Nancy, qui s'ouvre à de nouvelles idées, conciliant ainsi l'art et l'industrie, d'où la naissance de l'Art nouveau. Victor y fait deux années d'études dans le cours de composition décorative, et l'on y recense quatre de ses œuvres. C'est à Nancy, ville en pleine expansion, qu'il côtoie les plus grands : Emile Gallé (1846-1904), Louis Majorelle (1859-1926), Antoine Daum (1864-1930), Eugène Vallin (1856-1922). On retrouve, dans la collection particulière Prillot, de nombreux dessins exceptionnels de cheminées monumentales, de chandeliers, ornements de plaques de cheminées ou grilles forgées.

Dès 1895, il adhère à l'Association des artistes lorrains, puis devient membre titulaire de la Société d'archéologie lorraine, et de nombreuses références sont faites à ses travaux dans les bulletins mensuels de la société.

Il participe grandement à l'essor culturel et économique du pays Messin où il est nommé magistrat au Tribunal de commerce et président au Conseil des prud'hommes.

Suivant de très près l'évolution des carrières de ses frères, il fut le modèle favori de son frère Emile, pour ses travaux de recherches dans la photographie.

Victor s'éteint à son domicile de Briey le 10 mars 1934.

Aujourd'hui il m'est agréable de penser que sans lui ses frères n'auraient peut-être pas connu la célébrité qui leur est accordée.

Dans ce livre, nous pouvons admirer le choix judicieux des clichés anciens et l'extrême précision de la prise de vue par l'auteur pour l'image nouvelle, nous pourrons constater, parfois avec tristesse, que modernité n'a pas toujours été synonyme de bon goût, mais nous saurons aussi que si les lieux changent, leur âme demeure, et qu'il y aura toujours des hommes comme Thierry Schoendorf pour transmettre cet esprit.

Pour ce magnifique travail, il mérite la gratitude et le succès. Je lui souhaite sincèrement que cet ouvrage soit le premier d'une longue collection…

Avec toute notre amitié.

Dominik et Michel Prillot

1

Les avenues, rues et boulevards

Rue du Pontiferoy, — Metz — Diedenhofener-Strasse.

L'avenue Foch.

Les remparts du XIIIᵉ siècle formaient une enceinte de 7 kilomètres, comprenant 38 tours et 18 portes, détruite en grande partie début 1900 lorsque les Prussiens décident de faire de Metz une ville nouvelle. Commencent alors des travaux d'agrandissement, remblai des fossés, destruction des portes et remparts, pour laisser place aux nouvelles constructions, celles de l'avenue Foch par exemple. L'aménagement de la nouvelle avenue entraîna la disparition de la superbe porte Saint-Thiébault (au numéro 38, levez les yeux, une petite sculpture vous rappellera son emplacement).

L'ancien Kaiser Wilhelm Ring.

Avec ses villas et ses immeubles imposants, cette artère assure désormais la transition entre la vieille ville et la nouvelle ville. L'avenue voit ainsi naître les grands hôtels (Terminus et Royal), la salle de spectacle, l'hôtel des arts et métiers... Les Allemands, alors installés à Metz, construisent des maisons de style néoroman, néo-Renaissance flamande et baroque allemand pour imposer le style germanique. A l'opposé, les vieux Messins, pour cultiver le souvenir de la France, bâtissent des immeubles de style Louis XV et Louis XVI.

La rue de Ladoucette.

Elle fut établie le 26 février 1870 par la réunion de deux anciennes artères : la rue du Plat d'Etain (de Fournirue à la place Saint-Jacques) et la rue de la Fontaine Saint-Jacques (de la place Saint-Jacques à la rue Serpenoise). Cette rue perpétue la mémoire du baron Charles de Ladoucette, sénateur et représentant à l'Assemblée législative, mort à Paris le 11 décembre 1869. Sur le cliché se dresse, au milieu d'une architecture classique, une maison de style Art nouveau (façade bleue).

13 METZ. — *Rue Serpenoise.* — *Serpenoise street.* — LL.

La rue Serpenoise.

C'est l'ancienne *via Scarponensis* allant de Trèves à Lyon en passant par Metz. Serpenoise est une déformation du nom *Scarponensis*, le nom du village de Scarpone (actuellement Dieulouard près de Nancy) qui était traversé par cette route. A 5 mètres au-dessous de la chaussée actuelle subsiste encore la voie romaine. C'est en 1852 que les rues de la Vieille Boucherie et du Porte-Enseigne furent élargies et réunies pour former la rue Serpenoise. Au siècle dernier, elle était encore le grand axe menant vers notre ancienne gare, place du Roi Georges, devant la porte Serpenoise.

La rue des Clercs.

Le nom de cette rue apparaît au XIVe siècle. Au préalable, la rue avait pour nom le Voué-en-l'Aulne en raison de la présence de l'hôtel du voué, le magistrat chargé des affaires de la cité. Son nom pourrait provenir des pauvres clercs de Sainte-Reinette dont la chapelle fut construite en 1358 au milieu de cette rue. On trouve trace ensuite de l'appellation rue de M. le Président vers 1603 en raison de l'établissement des présidents nommés par le roi pour rendre justice et de rue Marat pendant la Révolution.

F. Conrard, Metz

La rue des Clercs.

Les bâtiments de cette rue datent des XVIIIe et XIXe siècles, mais on y découvre encore des vestiges de l'époque romaine. Ainsi, au fond d'un restaurant, un mur romain en pierres à chaînage de briques s'élève sur plusieurs mètres. De magnifiques portails établis au XVIIIe siècle, de style Louis XV, subsistent également dans cette rue ainsi qu'un bâtiment de l'époque de Napoléon III dont l'architecture s'inspire de la Renaissance. La superbe fontaine, édifiée en 1866 à l'emplacement d'un puits, fut démantelée pendant la seconde guerre mondiale.

29 METZ - Rue Fournirue

La Fournirue.

« Ceux à qui ces objets ne plaisent pas n'ont qu'à aller en Fournirue, ils y trouveront hauberts, gorgières, haulmes lacés et lances aiguës, épées bonnes et émoulues, étriers, selles, poitrails, culières, la rue est toute pleine d'armes. » Ce poème du XIVe siècle nous dit combien la Fournirue était fournie en objets destinés à l'usage guerrier. Certains pensent que, pour cette raison, le mot Fournirue viendrait du verbe fournir. Pour d'autres, elle rappelle les fourneaux utilisés par les orfèvres et les forgerons installés dans cette rue au Moyen Age. Sur la droite, En Jurue, la maison où séjourna Rabelais vers 1547 n'existe plus de nos jours.

La rue de Paris.
En 1731 fut édifiée une série de maisons sur des terrains cédés gracieusement par le roi. Elle prit alors le nom de Grande rue du Fort puis, en 1816, celle de rue de Paris.

Vue du grenier à grains construit en 1457 rue Chèvremont. Ce nom rappelle-t-il l'escarpement du lieu dont la pente était gravie par des chèvres ?

La rue du Coëtlosquet prend son nom en 1919. Le vicomte Maurice du Coëtlosquet (1836-1904), membre de la famille de Wendel, consacra une très grande partie de sa fortune aux œuvres de charité.

En Chaplerue.

Sur la gauche, on distingue une échoppe datant du Moyen Age disparue de nos jours. Le nom de Chaplerue apparaît au XIIIᵉ siècle et pourrait provenir des chapeliers installés jadis dans cette rue ou de la présence des chapelles Petit Clairvaux et Saint-Esprit. C'est entre les deux chapelles que se trouvait la grange du Saint-Esprit, bâtie au XVᵉ siècle. Elle était, au Moyen Age, un des grands greniers à blé de Metz. Au bas de la rue se trouvait l'hôtel de Gournay (les Gournay formaient l'une des grandes familles messines au Moyen Age). Le général de Lasalle (tué à Wagram en 1809) était né dans cette vaste maison.

Metz. Rue et Porte des Allemands.
Deutsche Strasse.

La rue des Allemands.

Le nom n'a rien à voir avec le peuple allemand, malgré sa présence durant de nombreuses années à Metz. Cette rue doit, en réalité, son nom aux chevaliers teutoniques ou frères hospitaliers de Notre-Dame-des-Allemands qui y fondèrent un hôpital. Etablie au XVIIIe siècle, elle s'appela d'abord rue de l'Hôpital des Allemands puis, par abréviation, rue des Allemands. Fondé en Palestine en 1190, l'ordre teutonique se répandit par la suite en Europe. On le retrouve à Sarrebourg en 1222, à Sarrebruck en 1227 et à Metz en 1229.

La rue des Tanneurs (page de gauche) et rue Haute Seille.

Autrefois, la Seille traversait Metz depuis la rue des Tanneurs jusqu'à la place Mazelle. La rue doit son appellation à la présence, pendant plusieurs siècles, de nombreux tanneurs. Ils se servaient de la Seille qui passait à cet endroit pour rincer les peaux. Elle portait en fait le nom de rue Haute et Basse Saulnerie. Les tanneurs disparurent au début du XXᵉ siècle et la Seille fut comblée à peu près à la même période. Quand le canal de la Seille fut comblé, un arrêté de 1906 donna le nom de rue Haute Seille à la partie de l'ancien canal se situant entre la place Mazelle et la rue du Pont Sailly.

La rue aux Ours.

A droite, l'école d'artillerie qui s'installa en 1794 dans les anciens bâtiments de l'abbaye Saint-Arnould (saint Arnould, évêque de Metz au VIIe siècle, l'ancêtre de la dynastie carolingienne mais également quadrisaïeul de l'empereur Charlemagne). En 1840, une tour d'observation de 42 mètres y fut élevée pour suivre les manœuvres des artilleurs au mont Saint-Quentin. Depuis 1919, l'ancienne abbaye est le siège du Cercle des officiers. Le nom de cette rue reste vague. Il pourrait avoir pour origine les nombreux rôtisseurs et leurs oies, *ouës*, nom déformé en ours, ou bien tout simplement à la présence de l'hôtellerie A l'Ours.

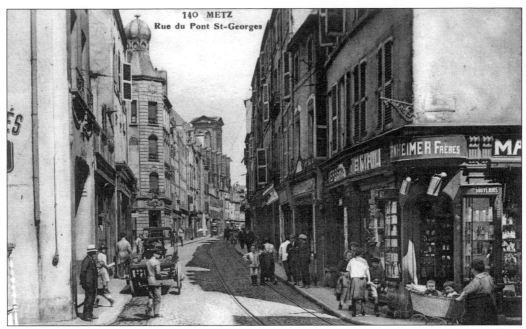

140 METZ
Rue du Pont St-Georges

Allée de la Tour aux Rats.

Sur ce cliché, nous apercevons, au fond à gauche, l'abbaye Saint-Clément construite à partir de 1660. Le quartier, entièrement détruit dans les années 1960, a laissé place à de nouvelles constructions. L'allée de la Tour aux Rats avait pour nom auparavant rue du Pontiffroy, elle allait du pont Saint-Georges à la place du Pontiffroy. Le pont Saint-Georges, un des plus anciens de Metz, date, dit-on, de l'époque gallo-romaine. Il porte le nom de l'ancienne église Saint-Georges, aujourd'hui disparue, qui s'élevait dans la rue Saint-Médard.

La rue des Jardins.

Cette rue fut percée en 1754 à travers des jardins, derrière les maisons du quai Saint-Pierre (actuel quai Félix Maréchal) d'une part et, d'autre part, derrière celles des rues de Chèvremont et du Haut Poirier (actuelle rue du Chanoine Collin). La partie gauche au bas de la rue, près du quai Félix Maréchal, a depuis été rasée. Dans cette rue fonctionna, avant même les Malardot et Prillot, le premier atelier de photos de Metz. Etienne Casimir Oulif (1804-1861) fut le précurseur messin utilisant les développements naissants de la technique photographique.

Metz.　　　Rue du Pont des morts.　　Todtenbrückenstrasse.

La rue du Pont des Morts.
Son appellation est liée à l'hôpital Saint-Nicolas chargé au XIIIe siècle de sa reconstruction en pierre et de son entretien. En échange, l'établissement hospitalier percevait, par une ordonnance de 1282, un curieux impôt provenant de la vente du meilleur vêtement de chaque mort de Metz. Cette explication est contestée. Certains prétendent que le pont en bois portait déjà le même nom. C'est du pont des Morts que les criminels condamnés à la noyade étaient précipités dans la Moselle.

La rue de la Grande Armée.

Elle fut ouverte en 1808 sur le terrain appartenant aux religieux de Saint-Antoine et prit, de ce fait, le nom de rue des Antonistes puis de rue Neuve Saint-Simplice. Elle eut également pour nom rue de Berlin, probablement pour rappeler l'entrée des Français en 1806 dans la capitale de la Prusse, puis retrouva sa première dénomination jusqu'en 1830, année où elle prit celle de rue de la Grande Armée. C'est la seule artère messine qui garde actuellement le souvenir de l'épopée du Premier Empire. Les amateurs remarqueront la boutique Conrad, grand éditeur messin de cartes postales.

2

Les édifices et commerces

Metz   Ludwigskaserne - Caserne Coislin.

Nels, Metz, Serie 104 No. 98.

L'hôtel Royal.

Début 1900, après le remblai des fossés et la destruction des portes et remparts, commença la création de la nouvelle ville. L'époque vit la construction de l'hôtel Royal à l'intersection de l'avenue Foch et de la rue Charlemagne. Un hôtel de 100 chambres, avec eau courante chaude et froide, équipé de téléphones et d'un garage pouvant accueillir jusqu'à 80 véhicules, un véritable luxe pour l'époque. Sur le cliché ancien, on remarquera que les clients entraient par la petite porte sur le côté. De nos jours, une entrée plus importante se situe à l'avant du bâtiment.

Münchener Bürger-Bräu.

A l'angle de l'avenue Schuman et de la rue du Coëtlosquet se trouvait le restaurant Münchener Bürger-Bräu qui, après la première guerre mondiale, prit le nom de La Grande Taverne Lorraine. Aujourd'hui, des bâtiments avec magasins ont remplacé ce restaurant, sa verrière et son magnifique jardin intérieur. Une publicité Prillot est visible sur le pan de mur de la vue ancienne. Après avoir quitté la place de Chambre, les studios des photographes Prillot se sont installés là, au 2 avenue Serpenoise (aujourd'hui avenue Schuman).

L'hôtel de la Monnaie.

Grande cité marchande au Moyen Age, la ville de Metz eut le droit de frapper sa monnaie dès le XIIᵉ siècle. L'hôtel de la Monnaie, en activité de 1435 à 1793, a été restauré et se trouvait non loin de la place du Change (l'actuelle place Saint Louis). La traçabilité des monnaies aide le numismate à la cotation de ces dernières. AA = Metz.

Metz.
Innenhof der alten Münze.
Intérieur de l'ancien
Hôtel de la Monnaie.

Hôpital Bon Secours.

La vue est prise depuis l'horloge, au sommet du lycée Louis Vincent, avec un panorama sur la nouvelle ville. Les Allemands, avant 1914, avaient prévu d'urbaniser le quartier Sainte-Thérèse dans le prolongement du quartier de la gare. Ils eurent le temps d'édifier quelques grands bâtiments publics dont le lycée Georges de La Tour, le lycée Louis Vincent, l'hôpital Bon Secours, mais peu d'immeubles d'habitation. La guerre arrêta les projets. L'hôpital fut construit entre 1913 et 1917. L'ancien hôpital Bon Secours qui se trouvait rue Chambière y fut transféré en 1919.

METZ. - *Wasserturm und Tunnel am Hauptbahnhof*
Château d'Eau et Tunnel près de la nouvelle Gare

Le château d'eau.
Il alimentait les locomotives à vapeur et fut construit en même temps que la gare en 1905.

L'hôtel Saint-Livier, rue des Trinitaires, est le plus vieil édifice civil de la ville. A la fois château et résidence, il a été construit au XIIᵉ siècle à l'emplacement du palais des rois d'Austrasie.

A la place de l'ancienne imprimerie Béha se trouve maintenant la Société générale alsacienne de banque, société créée en 1874 à l'époque de Napoléon III.

Le théâtre.

L'île qui accueille la place de la Comédie et son théâtre prit le nom de Petit Saulcy à cause des saules plantés sur ses rives pour retenir la terre. En 1732, la ville décida de paver l'île et d'y construire le théâtre dont les travaux s'étalèrent de 1738 à 1752. Commencé par l'architecte Oger, le théâtre fut terminé par les architectes Leuze et Landau après bien des difficultés. C'est l'un des premiers théâtres construits en France et il reste actuellement le plus ancien encore en activité. Avant sa construction, c'est l'hôtel de Gargan, rue Nexirue, qui servait de salle de théâtre.

Nels, Lothringen, Serie 104 No. 34.

Les musées de la Cour d'Or.

La chapelle des Carmes, construite en 1670, abrita par la suite la bibliothèque municipale de 1811 à 1977 et, de nos jours, les musées de la Cour d'Or (la Cour d'Or en référence au palais des rois d'Austrasie dont ils occupent l'emplacement). La façade du musée est constituée par l'ancien monastère des Petites Carmes. Lors de l'extension des musées au cours des années 1930, les vestiges des thermes de la ville antique des Médiomatriques ont été mis au jour dans le sous-sol. Les thermes ont été conservés dans les musées à l'endroit même où ils ont été découverts.

37

Les gares de Metz.

La première était provisoire et en bois, bâtie vers 1850, la deuxième (photo du dessus), construite en 1853 avec des matériaux légers, est détruite par un incendie en 1872. La troisième gare fut édifiée en pierre de Jaumont, vers 1878, place du Roi Georges. Aujourd'hui, le bâtiment abrite la direction régionale SNCF de Metz-Nancy. L'actuelle gare est la quatrième de la ville. Sur le cliché ancien (bas de la page), il ne reste, de nos jours, de l'aigle trônant sur le pignon que les plumes de la queue. Le blason de la Lorraine l'a remplacé.

METZ. - *Hauptbahnhof (Wartesaal III Klasse)*
Gare. - Salle d'attente IIIe classe

La quatrième et actuelle gare de Metz.
Elle fut édifiée dans un style néoroman, entre 1905 et 1908, par l'architecte Kröger assisté des architectes Jürgensen et Bachmann ainsi que du sculpteur Schirmer. Elle affirmait la puissance de l'Empire allemand et son style a été imposé par l'empereur pour « germaniser » Metz et rappeler l'Empire othonien. Le cliché ancien présente la salle d'attente des deuxième et troisième classes, salle magnifiquement restaurée de nos jours en librairie. Quant à la salle d'attente de première classe, elle est actuellement quelque peu à l'abandon.

Der neue Bahnhof **METZ** La nouvelle Gare

La quatrième et actuelle gare de Metz.

Cette gare, dans laquelle abonde une symbolique à la gloire de l'Empire voulue par Guillaume II, est aussi un bâtiment très fonctionnel. Sa conception a été supervisée par les militaires pour répondre aux exigences du plan Schlieffen : les 25 000 hommes du 16ᵉ corps d'armée de Metz devaient pouvoir embarquer en 24 heures avec tout leur équipement pour se diriger vers la France et puis vers la Russie… Sur le cliché ancien sont visibles les deux marquises en verre remplacées de nos jours par un parking (vue prise depuis le haut du château d'eau des locomotives à vapeur).

Metz. Perron et halle de la nouvelle gare.
Bahnsteig und Einfahrtshalle im neuen Bahnhof.

La quatrième et actuelle gare de Metz.

La gare est longue de plus de 300 mètres et la tour de l'Horloge s'élève à 40 mètres. Elle prend assise, ainsi que le château d'eau, sur plus de 3000 pieux de fondation de 10 à 17 mètres de profondeur, réalisés en béton armé suivant le procédé que venait de mettre au point l'ingénieur français François Hennebique. La gare de Metz est inscrite sur la Liste des monuments historiques depuis le 15 janvier 1975. La façade (à l'exception de la verrière), la toiture, le hall de départ, le salon d'honneur et l'ancien buffet avec son décor intérieur sont des éléments classés et protégés.

10134. - METZ. — Jardin et sculptures décoratives devant le Palais de Justice

Le palais de justice.

Conçu à l'origine pour être le palais du gouverneur militaire royal, cet immense édifice fut construit de 1776 à 1791 par l'architecte Clérisseaux. Le bâtiment était presque terminé quand survint la Révolution (la façade côté rue du Juge Michel n'a jamais été achevée) qui changea la vocation de l'édifice en palais de justice. Symbolisant la hiérarchie des pouvoirs à Metz, le palais de l'intendant du roi, actuelle préfecture, est beaucoup moins impressionnant. A Metz, contrairement aux autres provinces, c'était le gouverneur et non l'intendant qui détenait le pouvoir.

La préfecture.

C'était l'hôtel de l'intendant du roi entre 1738 et 1742, construit à côté du théâtre. Le palais brûla en partie en 1803. Il fut reconstruit et devint la préfecture en 1806. Sous Napoléon III, Charles Pêtre sculpta les deux aigles qui encadrent le portail et orna le fronton des blasons des quatre principales villes de Moselle : Metz, Sarreguemines, Thionville et Briey (cette dernière a été rattachée à la Meurthe-et-Moselle en 1871). La galerie vitrée (en haut à droite du cliché ancien) fut construite en 1880 et arasée en 1957.

Caserne Ney.

La citadelle du XVIᵉ siècle détruite en 1790 laissa des terrains libres que l'armée revendiqua. Ils lui sont attribués par ordonnance du roi en 1831 et remis au génie. Les travaux de la caserne débutent en décembre 1833. Les combles et la toiture visibles encore de nos jours ont été ajoutés en 1911 par les Allemands. Les deux pavillons de garde situés à l'entrée furent édifiés en 1844. Ornés de bas-reliefs représentant la cuirasse et le casque « pot en tête », symbole du génie, ils ont été dessinés par les frères Husson puis sculptés par le Messin Gustave Hennequin entre 1852 et 1854.

Le Colosseum.

Complètement à droite du cliché ancien se situe le Colosseum. En 1858, on a construit un café qui prit pour nom le café du Midi et qui devint par la suite un café-concert. En 1876, alors que Metz était sous annexion allemande, le café fut transformé en une salle de spectacles et s'appela Le Bavaria pour devenir, en 1896, Le Colosseum. Théâtre jusqu'en 1914, la salle fut transformée en cinéma dénommé d'abord le Vox puis le Gloria et enfin l'Eden jusqu'à sa fermeture définitive. De nos jours, l'ancienne salle de spectacles est occupée par un commerce.

Le magasin aux vivres.

Au XVIᵉ siècle, c'était un quartier de Metz mais, en 1556, le roi de France Henri II décida de construire, à son emplacement, une citadelle pour mieux protéger la cité. Tout le quartier fut donc rasé. La citadelle connut à son tour le même sort pendant la Révolution. Le magasin aux vivres, édifice militaire, a été construit pour le stockage des aliments. C'est le dernier vestige de la citadelle édifié par le maréchal de Vieilleville. Les escaliers, construits à chaque extrémité du bâtiment, datent du XVIᵉ siècle. De nos jours, le bâtiment héberge un hôtel 4 étoiles et un restaurant.

3

Les portes et tours

34. - Edition Forissier, Metz

La porte Serpenoise.

A l'époque romaine, la porte ouvrait sur la route menant à Scarpone et se trouvait plus à gauche en entrant dans Metz. Elle fut détruite en 1561. Reconstruite en 1852, précédée d'une double entrée (cette partie fut détruite en 1892), la nouvelle porte se présentait comme un tunnel d'une trentaine de mètres traversant le talus du rempart de part et d'autre et avait la forme d'un arc de cercle pour éviter les tirs de canon dans la ville. Lors de la destruction des remparts en 1902, la porte a été remaniée pour devenir un arc triomphal. Les quatre guérites ont été récupérées sur les remparts démolis.

Quatre inscriptions relatent quatre événements importants vécus par la porte Serpenoise. En 1473, les soldats du duc de Lorraine tentèrent d'entrer dans Metz par cette porte. Le boulanger Harelle les surprit et alerta la population en sonnant la cloche de la Mutte. En novembre 1552, Charles Quint assiégeait la ville. Il essaya, en vain, de s'emparer de cette porte défendue par le duc de Guise. Le 31 octobre 1870, les Allemands entrèrent dans Metz par cette porte après la capitulation de Napoléon III à Sedan. Le 19 novembre 1918, dans Metz délivré, les troupes françaises pénétrèrent par cette porte.

Metz — Deutsches Thor (Nordseite) - Porte des Allemands (1445).

La porte des Allemands.

A la fois porte et pont fortifiés, la porte des Allemands est un édifice de fortification médiéval. Témoin de l'architecture militaire du XVe siècle, la porte des Allemands est le seul château défensif de Metz qui n'a pas été détruit. Construit en plusieurs étapes, l'édifice est une véritable petite forteresse avec ses tours, ses créneaux et ses mâchicoulis. Le nom de cette porte, élevée vers 1230, a pour origine les chevaliers teutoniques ou frères hospitaliers de Notre-Dame-des-Allemands qui fondèrent un hôpital dans la rue en face.

La porte des Allemands.

Sa construction débute vers 1230 avec l'édification d'une première porte orientée vers le centre-ville et formée de deux tours, de remparts de part et d'autre et d'un pont enjambant la Seille. Deux nouvelles tours, plus imposantes, sont élevées vers 1445 pour défendre l'autre extrémité du pont. En 1674, Vauban ajouta, côté campagne, une porte plus petite qui n'existe plus de nos jours. Sur la carte postale, l'ancien pont est bien visible ainsi que les restes provenant de la démolition des remparts. Le pont fut détruit en 1944 et reconstruit un peu plus loin à sa place actuelle.

La tour des Esprits.

Les remparts du XIIIᵉ siècle formaient une enceinte de 7 kilomètres comprenant 38 tours et 18 portes, détruits en grande partie, début 1900, lors de l'extension de la ville. Le pont des Basses Grilles (construit en 1360) était défendu par la tour des Esprits. Il se trouvait à l'endroit où le bras de la Seille s'écoulait jusqu'à la place Mazelle en passant par la rue des Tanneurs et la rue Haute Seille. La tour éventrée dévoile des voûtes d'ogives gothiques. Elle avait aussi pour nom tour des Sorcières car, rapporte la rumeur publique, les sorcières se réunissaient à proximité.

Kaiser Wilhelm-Ring mit Cammuffelturm
Tour Camouffe et Boulevard Empereur Guillaume

18934

La tour Camoufle.
Construite vers 1437, cette tour est un vestige des remparts médiévaux entourant Metz. Elle porte le surnom de Jacob de Castel, dit « Camoufle », un artilleur réputé du XVe siècle, même si elle fut édifiée sous le nom de « tour du Champ à Panne », sur les fortifications du XIIIe siècle, à l'emplacement d'une ancienne tour gallo-romaine. En 1732, Cormontaigne, élève de Vauban, décida de maintenir cette tour dans le rempart Saint-Thiébault. De nos jours, les murailles ont été détruites mais la tour Camoufle est toujours visible. Elle permet de mieux imaginer l'emplacement du fossé comblé et du rempart détruit.

Vue sur la porte de Thionville.

La nouvelle muraille protégeant Metz avait une étendue de 5 500 mètres. Elle était percée d'une multitude de portes dont les plus utilisées étaient : porte Serpenoise (avenue Robert Schuman), porte de la Citadelle (à la place du palais du gouverneur), porte du Saulcy (place du Saulcy), porte de France (à l'extrémité du pont des Morts), porte de Thionville (à l'extrémité du pont de Thionville), porte de Chambière (rue Chambière), porte Sainte-Barbe (boulevard de Trèves), porte des Allemands (rue des Allemands), porte Mazelle (place Mazelle) et porte Saint-Thiébaut (au niveau de la rue François de Curel).

4

Les lieux de culte

La cathédrale Saint-Etienne.

Aux alentours de l'année 1220, l'édification de la cathédrale est entreprise à l'endroit même du sanctuaire dédié à saint Etienne et qui fut épargné par les Huns en 451. La construction s'étala sur trois siècles pour s'achever vers 1520. En mai 1877, un feu d'artifice tiré depuis le toit de la cathédrale en l'honneur de Guillaume II provoqua un incendie qui détruisit totalement la toiture. De nos jours, Saint-Etienne est la cathédrale de France qui possède la plus grande surface de vitraux et les plus grandes verrières gothiques d'Europe.

L'énorme portail, style Louis XV, édifié par l'architecte Blondel en 1764 fut démoli en 1898. Les deux grandes statues placées sur la façade ont été sculptées en 1767 par Le Roy. Nous retrouvons trace de ces statues à Saint-Avold. L'une se trouve au-dessus de la face avant de la basilique et l'autre au-dessus du portail d'entrée de l'église paroissiale Saint-Nabor. Le nouveau portail du Christ a été inauguré en 1903 par l'empereur Guillaume II.

La chapelle des Templiers. Aux XIIe et XIIIe siècles, lors des croisades, pour assurer la protection des pèlerins, naissent des ordres religieux dont l'ordre militaire des chevaliers du Temple. Les Templiers édifient des commanderies dont celle de Metz, vers 1133.

L'église des Trinitaires fut construite au XVIIIe siècle (l'année 1720 est gravée sur le fronton). Temple protestant en 1804, c'est actuellement une annexe des musées de Metz.

Metz. — Couvent Sainte-Constance.

L'orphelinat Sainte-Constance.

Cet orphelinat et pensionnat a été fondé par la famille messine Holandre Piquemal pour perpétuer la mémoire de leur fille unique Constance, décédée en 1842, à l'âge de 17 ans. Il fut construit en 1849, rue Saint-Marcel, sur l'emplacement même de l'hôtel du Passe-Temps datant du XVᵉ siècle et dont il ne restait plus qu'une tourelle ayant survécu à la ruine du vieil édifice. Ce vaste établissement comprenait un réfectoire, des salles de classe, un dortoir, une infirmerie et une église en son centre, l'actuelle chapelle du lycée Fabert.

Le temple Neuf.

Construit à l'époque de l'annexion allemande, de 1901 à 1904, par l'architecte Wahn, dans la partie sud de l'île du Petit Saulcy, à l'emplacement du Jardin d'Amour. Ce temple protestant fut inauguré par l'empereur accompagné de l'impératrice, de la princesse Victoria Louise de Prusse et des plus hautes autorités du Reichsland d'Alsace-Lorraine.

Le temple de garnison.

Il fut construit de 1875 à 1881 par l'architecte Rettig. Le temple était destiné aux soldats allemands de confession luthérienne. Son style néogothique et l'utilisation de la pierre de Jaumont montrent qu'il n'y a pas encore cette volonté de germanisation par l'architecture qui se développa au cours des années 1900, lors de l'édification du temple Neuf en style néoroman et en calcaire gris. Le sanctuaire fut désaffecté après 1918 et sa toiture brûla en 1946 (le chœur et la nef ont été dynamités en 1952). Seul le clocher a été conservé.

12. - METZ. - Panorama.

L'église Saint-Eucaire fut construite à la fin du XIIe siècle (la nef et le chœur aux XIVe et XVe siècles). Elle possède l'une des fameuses reliques de saint Blaise rapportées par les croisés.

L'église Saint-Martin. Son clocher, rasé au XVIe siècle, a été reconstruit à la fin du XIXe siècle. De chaque côté du portail d'entrée se situe un mur construit avec des pierres provenant du bâtiment romain établi à l'emplacement de l'église.

L'église Saint-Simon.
En 1737, les chanoines de Saint-Pierremont s'établirent à Metz et construisirent leur église au milieu des bâtiments militaires de la place de France. L'édifice cultuel devint l'église paroissiale du quartier.

L'église Saint-Maximin, rue Mazelle. Edifiée à la fin du XIIe siècle et remodelée aux XIVe et XVe siècles. L'église est ornée de vitraux créés par Cocteau.

L'église Notre-Dame-de-l'Assomption construite de 1665 à 1741 sur l'emplacement d'un ancien temple protestant. Dans cette église, Verlaine fut baptisé en 1844.

L'abbaye Saint-Vincent fut fondée en l'an 968 par Thierry, le premier évêque de Metz. L'église actuelle, construite de 1248 à 1376, subit encore de nombreuses transformations. En 1803, elle devint église paroissiale et, en 1933, Pie XI l'éleva au rang de basilique.

METZ. - St-Segolenakirche
Église Ste-Ségolène

L'église Sainte-Ségolène.
Au Xᵉ siècle, il existait déjà un sanctuaire à cet emplacement (la crypte existe encore sous le chœur). Au XVᵉ siècle, un porche gothique fut élevé devant l'église. En 1896, le porche et l'ancien clocher sont détruits, la nef allongée et terminée par une façade très décorée et surmontée par deux clochers.

La synagogue.

La construction d'une première synagogue fut entreprise en 1609 à l'emplacement actuel. Un second lieu de culte, complété par une école talmudique, s'établit directement à côté en 1716. L'accroissement rapide de la population juive de Metz et la vétusté de la grande synagogue décident la communauté à entreprendre l'édification d'un nouveau lieu de culte. Retardés par des difficultés financières, les travaux de construction ne commencent qu'en 1845 après l'arasement de l'ancien bâtiment. La nouvelle synagogue fut inaugurée le 30 avril 1850.

5

Les ponts, quais et rives

Le Moyen Pont.
La dénomination complète de ce pont est Moyen Pont des Morts. Il se situe dans le prolongement du Grand Pont des Morts. Construit entre 1282 et 1313, il est transformé en 1336 puis en partie détruit en 1862 pour être, par la suite, entièrement restauré et élargi. Les trois premières arches ont été reconstruites après leur complète destruction par les bombardements de la seconde guerre mondiale. Pont fortifié, on découvre encore sous sa première arche une ouverture qui permettait de faire descendre les grilles et de bloquer ainsi l'accès de la ville par la rivière.

METZ Pont moyen et l'église protestante
Mittelbrücke & Protestantenkirche

Edité par G. Forissier. - Metz

La tour du Moyen Pont.

A l'extrémité du Moyen Pont, le passant peut encore voir le soubassement de la tour crénelée du XVᵉ siècle qui n'existe plus de nos jours. Le Moyen Pont était à l'origine protégé par un château bâti vers le IXᵉ siècle, restauré au XVᵉ puis démoli vers 1740. Dans la partie basse de la tour se trouvait, au XVIIIᵉ siècle, une fabrique de fil de fer, une scierie et, au siècle dernier, des bains publics. Suite à l'effondrement d'une partie des murs, l'édifice a été arasé en 1934.

Metz   Leinpfad unter der Esplanade.
Chemin de balage près de l'esplanade.

Nels, Metz, Serie 104 No. 235

Le quai des Régates.

L'esplanade, depuis le palais de justice, longe Saint-Pierre-aux-Nonnains jusqu'au plan d'eau et surplombe la vallée de la Moselle. L'esplanade occupe l'emplacement des anciens fossés de la citadelle comblés en 1816. Le plan d'eau remplace des marécages en bordure de la Moselle. L'accès entre l'esplanade et le plan d'eau date du début du XXe siècle, époque où les autorités allemandes firent combler les fossés des remparts et aménagèrent l'espace en jardin d'agrément.

La digue de la Pucelle.

Un fossé creusé au XVIIIᵉ siècle permettait aux eaux de la Moselle de rejoindre le pont des Morts. La digue de la Pucelle, construite en 1450, assurait une retenue d'eau suffisante aux moulins de la ville. Son nom évoque le souvenir des religieuses d'un couvent établi en 1020 dans l'île du Saulcy sur un ancien vignoble situé en dessous du jardin Boufflers. La passerelle ou digue de la Pucelle permet le passage entre l'île du Saulcy, ancien site militaire, et le soubassement de la tour détruite à l'extrémité du Moyen Pont.

Le quai Félix Maréchal.

Dénommé quai Saint-Pierre en 1561, année où les religieuses du monastère de Saint-Pierre, évincées de leur couvent par la construction de la citadelle, rejoignirent la commanderie de Saint-Antoine. D'après certains documents, l'ouvrage portait aussi les appellations de quai de la Moselle et quai des Moulins. Enfin, en 1871, il prit le nom de quai Félix Maréchal en souvenir du maire de Metz, ancien docteur en médecine, décédé au cours de l'année. A cet endroit se tenait, avant la seconde guerre mondiale, le marché aux puces et à la ferraille. Ce qui valut parfois à ce lieu le nom de quai de la Ferraille.

Le pont Saint-Georges.

C'est probablement un des plus anciens ponts de Metz. Sa construction se situerait à l'époque gallo-romaine. Il permettait l'accès à la voie romaine menant à Trèves. Initialement construit en pierre, ce pont était en bois en 1324. Sa reconstruction en dur débuta en 1336. En 1792, pendant la période révolutionnaire, l'édifice fut nommé pont Ventôse. Le pont Saint-Georges a pour origine le nom de l'ancienne église Saint-Georges, située rue Saint-Médard et arasée de nos jours. Par le passé, le 23 avril, jour de la Saint-Georges, du haut du pont, le clergé bénissait la Moselle.

Metz   Zeughausstaaden   Quai de l'Arsenal

Le quai Rimport.

Situé entre le pont des Grilles et le pont Saint-Georges, autrefois dénommé quai de l'Arsenal, l'ouvrage eut aussi comme appellation quai des Juifs. La communauté juive, probablement établie à Metz depuis l'époque gallo-romaine, bannie de la ville en 1306 et revenue en 1565, se fixa une nouvelle fois dans le quartier en s'acquittant de lourdes taxes. Le quartier, comme celui du Pontiffroy avec le quai Chambière, fut démoli il y a quelques décennies. Le lavoir en bois implanté sur deux bateaux à fond plat, visible sur la carte postale et détruit en 1945, permettait à une quarantaine de lavandières de faire leur travail.

4 METZ. — *Canal et Cathédrale.* — *Canal and Cathedral.* — LL.

Le quai des Roches.

Le quartier des Roches, face au théâtre, doit son nom, d'après certains historiens, au rempart romain (démoli en 1622) dont les fondations étaient dures comme des rochers. Du Moyen Age jusqu'au milieu du XXe siècle, des bains publics étaient installés dans ce quartier essentiellement habité par des bateliers et des pêcheurs.

84

METZ. — Le Pont de la Préfecture. — The Prefecture's Bridge. — LL.

Les thermes.

A l'époque gallo-romaine, un grand établissement thermal se trouvait à cet endroit, mais le nom « thermes » pourrait aussi provenir de « *terminus* » définissant une limite de terrain, d'où l'orthographe variée entre « thermes » et « terme » au cours de l'Histoire. Le moulin des Thermes est l'ancien moulin de tissage Pince Maille. En 1887, redoutant les incendies dus aux lampes à huile, la ville souhaita éclairer son théâtre à l'électricité. Le moulin fut alors équipé de deux turbines et devint ainsi la première usine de production électrique qui fournissait aussi l'éclairage public des places de Metz.

METZ — La Moselle près du Théâtre

Le quartier du Théâtre.

Les différents clichés présentent des vues de l'arrière du théâtre à partir du pont Saint-Marcel. La rue traversant le quartier conserve le souvenir de l'église Saint-Marcel. A la fin du XVIIIᵉ siècle, un nouvel édifice fut construit sur les assises de l'ancienne église. Lors de travaux de creusement, les ouvriers exhumèrent de nombreux ossements humains provenant du cimetière qui entourait l'édifice religieux. Le pont Saint-Marcel, quant à lui, a été construit en 1737 sur le bras de la Moselle derrière les dépendances de l'église. Il permettait le passage de la place de la Comédie (alors appelée Grand Saulcy) au quartier Belle Isle.

5 METZ. — Le Pont Moreau. — The Moreau Bridge. — Li.

Le quai Paul Vautrin.

De nos jours, dénommé du nom du maire de la ville de Metz de 1924 à 1938, ce quai était autrefois appelé quai Saint Louis. La rue qui longe le quai porte le nom de Saint Louis depuis l'arrêté municipal de 1816. Elle se situe sur le terrain de l'ancienne abbaye de Saint Louis créée, vers 1760, par la réunion des abbayes de Saint-Pierre et de Sainte-Marie. Son église détruite en 1444 a été remplacée deux ans plus tard par une chapelle. Le quai Saint Louis, commencé en 1740, fut achevé en 1756.

Metz *Panorama von der Totenbrücke aus gesehen*
Panorama, vue du pont des Morts

Le pont de Thionville.

Etabli sur la grande route menant vers Thionville, le pont de bois reconstruit en pierre par Thiffridus prit le nom de pont Thieffroy qui, par contraction, fut à l'origine de l'appellation du quartier voisin : le Pontiffroy. Au Moyen Age, la construction et l'entretien du pont de pierre étaient financés par l'hôpital Saint-Nicolas grâce à l'impôt provenant de la vente des vêtements des morts. Par cette imposition, l'établissement hospitalier mena, à raison d'une arche par an, la reconstruction du pont. En 1340, il comptait douze arches.

6

Les parcs et jardins

METZ. – Vue sur l'Ile St-Symphorien et le Fort St-Quentin

Ansicht nach der Symphorieninsel und St-Quentin

F. Conrard, Metz

67 METZ. — Jardins de l'Esplanade. — LL.

L'esplanade.

A l'époque de la Révolution, la destruction de la citadelle du XIVe siècle entraîna l'aménagement du jardin de l'esplanade et de la place Royale (l'actuelle place de la République). Si les premières allées furent aménagées en 1790, il fallut attendre 1816 pour voir la fin des travaux et 1865 pour contempler le jet d'eau. Au XVIe siècle, cette étendue formait un quartier comportant des habitations et des églises. Sa disparition advint lors de la construction de la citadelle. De nos jours, les jardins de l'esplanade s'étendent sur l'emplacement des anciens fossés.

Le jardin Boufflers.

Ainsi appelé en hommage à Louis François de Boufflers (1644-1711), nommé maréchal de France en 1693 et élevé au rang de duc l'année suivante. Au XVIIIᵉ siècle, le jardin de Boufflers, situé à l'arrière du palais de justice dans le prolongement de l'esplanade, était le jardin du palais du gouverneur. Entre 1875 et 1890, il accueillit la sculpture de Frantin en provenance de la place Royale et qui représentait un cerf attaqué par deux aigles. A la fin du siècle, l'œuvre a été transférée au jardin botanique de Montigny-lès-Metz.

METZ. - Jardin Boufflers.
Esplanade.

No. 141 Edité par G. Forissier. Metz

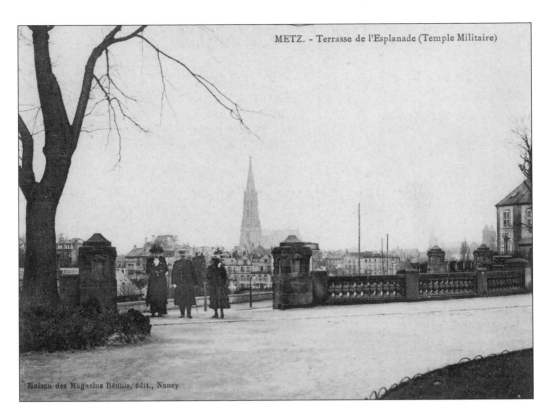

METZ. - Terrasse de l'Esplanade (Temple Militaire)

25 METZ - FONTAINE BOUFFLERS

7

Les places

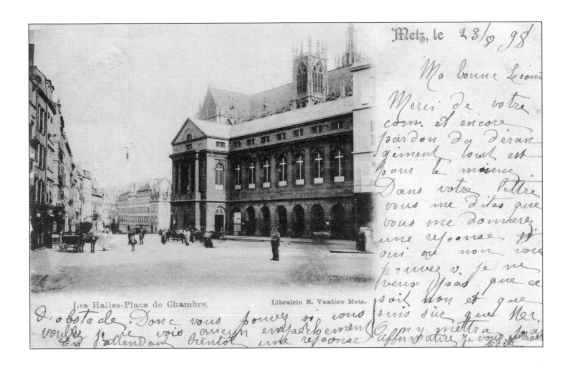

Paradeplatz. METZ. Place d'Armes.

La place d'Armes.

Au XVIIIe siècle, l'architecte royal Blondel entreprend dans la ville de Metz, selon le vœu de Louis XV, l'aménagement d'une nouvelle place. Les travaux débutent vers 1760 après la destruction des églises et du cloître qui bordent la cathédrale. L'espace connut plusieurs appellations au cours des siècles : place du Grand Moutier, place Devant la Grande Eglise, place de la Loi (dénomination encore visible sur la façade de l'hôtel de ville), place Napoléon, place de l'Hôtel de Ville et, depuis 1870, place d'Armes en raison des nombreuses prises d'armes tenues sur la place.

L'hôtel de ville, place d'Armes.
L'hôtel de ville de Metz, situé en limite de la place d'Armes, construit de 1769 à 1771 dans le style classique français suivant les plans de l'architecte Jacques François Blondel, est muni d'un escalier monumental menant aux grands salons de réception. Sa magnifique rampe est due à Cabossel et Janin. La partie du bâtiment édifiée sur l'emplacement de l'ancienne église Saint-Gorgon ne fut achevée qu'en 1788. L'église Saint-Gorgon avait accueilli en 1658 Jean-Baptiste Colbert (1619-1683), contrôleur général des finances de France au service du roi Louis XIV.

Metz   Domplatz und Markthallen
        Place de la Cathédrale et marché

La place Jean-Paul II.
La place, à l'avant du bâtiment, destinée à accueillir le palais épiscopal, ne fut pas aménagée.
La Révolution changea la destination de l'édifice après que l'évêque de Metz fut déchu de son
siège épiscopal. Son utilisation comme palais de justice ne se réalisa pas non plus et, en 1831, le
bâtiment devint le marché couvert. Au début de l'annexion allemande de 1870, il servit d'écurie
pour les chevaux. Un arrêté municipal de 1816 lui donna le nom de place de la Cathédrale
aujourd'hui dénommée place Jean-Paul II suite à la visite du pape à Metz le 10 octobre 1988.

La place de Chambre.

L'origine de son nom est encore floue et les avis sont partagés. Certains parlent d'une commanderie érigée en chambre vers 1311 (lieu où les chevaliers se rassemblaient pour tenir leurs chapitres généraux) mais Paul Ferry, dans ses *Observations séculaires*, nous fait remarquer que, en 1278, la place de Chambre portait déjà son nom actuel. Dans ce cas, l'appellation pourrait avoir pour origine un hôpital, fondé vers le XIIe siècle par les chevaliers de Saint-Jean-de-Jérusalem, qui devint le siège d'une commanderie de leur ordre. L'hôpital avait pour nom Petit-Saint-Jean-en-Chambre (sur des vestiges romains).

La place du Quarteau.
Le quartaut et la quarte sont d'anciennes mesures de capacité. Le nom de la place est issu du mot
quarte. Son appellation changea au cours des siècles : Quairtal, Quertal, Quartai ou encore Au
Quartalz et Au Qualrtaul. Sur la place se pratiquaient les quartages ou mesurages de certaines
marchandises dont une partie des goupillons revenait, à titre de droits, à la ville et à l'hôpital
Saint-Nicolas. Le marché aux fruits et légumes, qui s'y tenait, fut supprimé en 1879.

La place du Saulcy.

Autrefois, cet espace était occupé par un château et ses deux tours. La création de la place en 1737 entraîna la destruction de l'édifice. Le nouvel emplacement prit, dès lors, l'appellation place du Pont des Morts. En 1793, il devint la place du Pont de l'Isle. Sa dénomination fut aussi place du Saulcy écrit l'historien Chabert, puisque le lieu était une saussaie. « A une époque très ancienne, la Moselle fut arrêtée dans son cours en avant des murs de Metz et détournée de sa direction rectiligne par une forme de digue submersible [actuelle digue de la Pucelle] et de nombreuses levées de terre plantées de saules. »

La place Saint-Nicolas.

Dénommée primitivement passage ou rue Cerisaie en souvenir d'une plantation de cerisiers, la place tient son nom actuel du voisinage de l'hôpital Saint-Nicolas. Fondé au XIe siècle, l'établissement hospitalier connut plusieurs aménagements. A l'intérieur se situait une grande salle gothique voûtée d'ogives du XIIIe siècle. Le portail date de 1514, une des ailes du bâtiment fut modifiée au XVIIe siècle et une fontaine ajoutée en 1739. Au XIXe siècle, l'établissement, administré de tout temps par des civils, accueillait de nombreux vieillards et infirmes de tout âge.

La place Saint-Thiébault.

Elle doit son nom à la chapelle Saint-Thiébault, fondée en 1159, en avant de l'ancienne porte placée hors des murs de la cité. La place Saint-Thiébault fut aménagée sous Louis XV. Une fonderie de canons bordait la place à cette époque. Aux abords se trouvait une des plus belles portes de Metz, la porte Saint-Thiébault, construite sous Louis XIV. Elle fut détruite lors du comblement des fossés et de la destruction des remparts. Plus tard se tint sur la place un marché au foin.

La place Saint-Jacques.

Le nom de la place, dont l'origine remonte au XIIe siècle, est dû à l'église Saint-Jacques construite en bordure et arasée en 1574. L'étendue de la place correspond à peu près au forum antique. Autrefois, chaque année, le 26 décembre, se tenait la louée. Durant cette journée de marché, ouvriers agricoles et journaliers proposaient de louer leurs services.

La place Saint-Jacques.

La carte postale présente la halle aux légumes et aux fleurs qui occupa entièrement la place de 1832 à 1907, année de sa destruction pour insalubrité. En 1918, lors de la débâcle des troupes allemandes, la population messine, s'adressant à son évêque monseigneur Benzler, promit d'élever un monument en l'honneur de la Sainte Vierge si la ville était épargnée des bombardements. C'est ainsi que, en 1924, à l'occasion de la fête de l'Assomption, les Messins honorèrent leur promesse en inaugurant, place Saint-Jacques, la colonne à la Vierge.

La place Saint Louis.

Le rempart romain du IIIᵉ siècle passait place Saint Louis. Au XIIIᵉ siècle, la ville débordait de son enceinte qui fut démolie et reconstruite plus loin. Sur les fondations du rempart romain détruit, les banquiers italiens installés à Metz construisirent l'alignement de maisons à arcades et créèrent la place du Change. Soixante changeurs y étaient installés au XIVᵉ siècle. En 1707, le curé de l'église Saint-Simplice (détruite à la Révolution) installa, sur la place du Change, une statue du roi Louis XIII. Les Messins confondirent les statues des rois Louis XIII et Saint Louis et, depuis cette époque, la place est dénommée place Saint Louis.

Metz   Ludwigsplatz

METZ. – *Wechselstrasse*
Rue du Change

F. Conrard, Metz

La place Saint Louis.

Les hauteurs de plusieurs façades, les créneaux pour certaines, les arcades, les unes ogivales, les autres à plein cintre et plusieurs balcons en saillie de style Renaissance donnent à l'ensemble un aspect monumental et d'apparat. Les maisons construites pour la plupart par des banquiers essentiellement lombards font référence par leur aspect « forteresse » à l'architecture des palais du gothique italien. Des façades connurent un remaniement au XVIIIe siècle, époque à laquelle fut aussi percée la rue Tête d'Or.

La place Saint-Simplice.

Elle doit son nom à l'ancienne église Saint-Simplice, construite à la fin du XIIIe siècle. Fermé lors de la Révolution, l'édifice servit de halle aux grains. Un vaste cimetière l'entourait. Début 1800, l'agrandissement de la place Saint Louis et la nécessité d'établir une voie entre la place et la rue Mazelle contribuèrent à la suppression du cimetière et à la démolition de l'église. Par la suite, la place fut successivement dénommée place de Friedland, place Neuve (pour se distinguer de l'ancienne place Saint Louis qu'elle jouxtait) et enfin place Saint-Simplice. La fontaine, établie en 1866 sur l'emplacement de l'ancienne église, fut enlevée en 1932.

Die Esplanade während der Belagerung 1870. — **Metz.** — L'Esplanade pendant le Siège en 1870.

La place de la République.

Elle fut établie sur les anciens remparts et fossés de la citadelle. Aménagé en 1802, l'espace fut dénommé place Royale. En 1848, son appellation fut changée en place de la République, dénomination reprise après l'annexion et l'occupation et qui est encore la sienne de nos jours. L'Exposition universelle de Metz en 1861 occupa toute l'étendue de la place ainsi qu'une partie de l'esplanade. Sur le cliché ancien figurent les wagons destinés à servir d'ambulance aux blessés durant le siège de la ville de Metz en 1870.

La place Mondon.

C'est l'ancienne place Impériale établie au début du XXᵉ siècle. L'agencement des bâtiments voisins symbolisait le pouvoir impérial de Guillaume II. La place était entourée de la banque impériale pour la finance, de la chambre des métiers pour l'industrie et le commerce, de la caserne Prince Frédéric Charles pour le militaire. La représentation du pouvoir religieux ne put se concrétiser. La Grande Guerre stoppa la construction de l'église face à l'ancienne gare. L'actuelle dénomination de la place perpétue le souvenir de Raymond Mondon (1914-1970), maire de la ville de Metz de 1947 à 1970.

Kaiser Wilhelm-Ring **METZ** Boulevard Empereur Guillaume

Reichsbank & Elsässer Hof - Banque d'Empire & Hôtel d'Alsace

Metz   Kaiser Friedrich-Denkmal u. Kaiserin Augusta-Ring

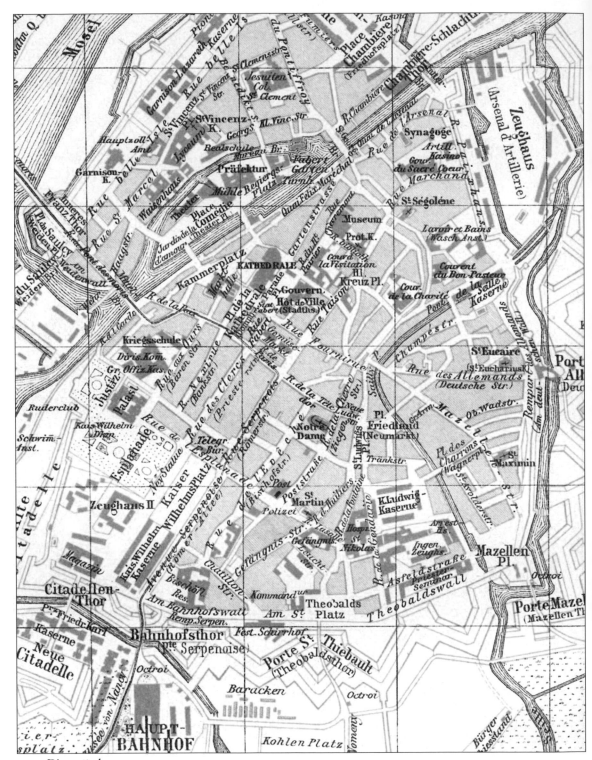

D'un siècle…

126

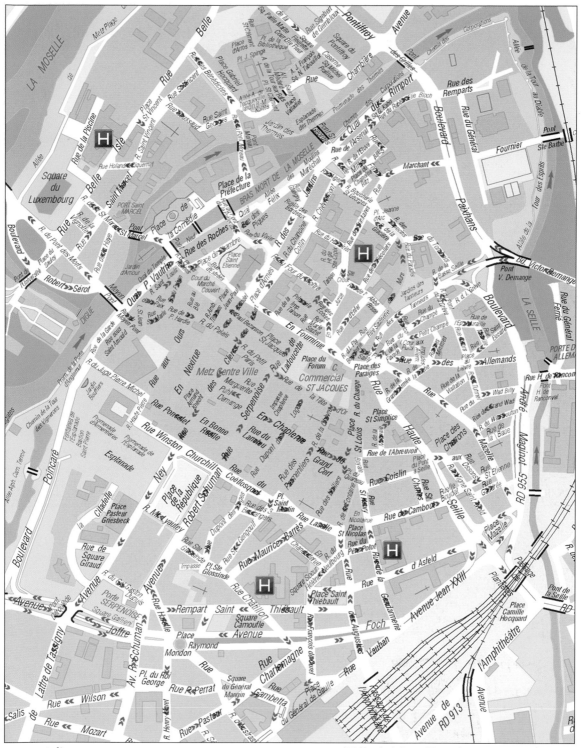

… à l'autre.